Heribert Steger.

Der erste April

Heitere Gedichte

Inhalt

Der erste April

Man ärgert sich, was man nicht will,
schickt jemand uns in den April.
Doch lachen wir recht schadenfroh,
geht's einem andern ebenso.

Ein mieser Schuft, der uns erregt,
hat er uns einmal reingelegt.
Die kleine Bosheit - bloß zum Spaß?
Nur einmal jährlich darf man das.

Baden im Alkohol

Menschen würde es nicht schaden,
wenn sie ab und zu mal baden.
Es muss nicht immer Wasser sein.
Man badet auch ganz gut im Wein.

Auch wenn man sich dabei geniert,
der Alkohol, der konserviert.
So bleiben unsere lieben Alten
durch Alkohol recht gut erhalten.

Bananenbrei

Bananenbrei, der ist gesund
fürs Baby und im Alter.
Ihn braucht, wer keine Zähe hat:
ein Säugling und Opa Walter.

Das Baby optimal ernährt,
der Walter ohne Krämpfe fährt.

Das Kalium verhindert Krämpfe;
es ist im Brei enthalten.
Drum tut Bananenbrei so gut
den Kleinsten und den Alten.

Im Bett

Ach, wie schön ist es im Bett,
wenn man einen Partner hätt'.
Geht man abends früh hinein,
kann man morgens rüstig sein.

Bier

Es ist fatal für einen Mann,
dass er nicht alles trinken kann.

Im Bier jedoch liegt großer Trost.
So leert die Gläser auf ein Prost!

Die Bordtoilette

Karlchen ist ein liebes Kind.
Er ist wie Kinder öfter sind:
sieht jede Ecke, jeden Topf,
drückt gern auf einen Klingelknopf.

Er stürmt voraus - wie sonst fast immer -
und kontrolliert das Badezimmer;
da findet überm Lokustopf
er einen runden weißen Knopf.

Rasch und munter, voll Entzücken
weiß er diesen Knopf zu drücken.
Dann ein Schrecken - riesengroß!
Es ging ein Getöse los.

In dem Lokus gab's ein Brausen
wie beim Rheinfall von Schaffhausen.
Zu dem Lokusdeckelknall
braust 'ein Ruf wie Donnerhall'.

Stark wie das Schiff im tiefen Winter -
dort steckte sehr viel Kraft dahinter.
Gern hätte ich die Donnerbrause
für meinen Lokus auch zu Hause.

Brillen

Wenn jemand seine Brille sucht,
hat er vielleicht schon oft geflucht.
Hat er sie endlich auf der Nas,
denkt er: Nanu? Was ist denn das?

Und so fragt er völlig stutzig:
Wieso ist die schon wieder schmutzig?
Dunkel schützt sie gegen Sonne.
Sauber schenkt sie große Wonne.

Drei vergessene <u>Dinge</u>

Herr Müller merkt, es ist so weit:
"Ich leide an Vergesslichkeit.
Ich weiß nicht mehr, was ich gefressen.
Auch meine Frau hab' ich vergessen."

Der Hausarzt fragt, bevor es schlimmer:
"Was vergessen Sie denn immer?"
Der Patient meint: "Dreierlei.
Zahlen sind zuerst dabei.

Zweitens gehn mir Namen weg.
Drittens: Ach, du lieber Schreck!
Das dritte? Das ist jetzt von hinnen,
kann mich einfach nicht besinnen.

Ich weiß nicht, was das Dritte war.
Ich bin vergesslich ganz und gar."

Das Fernsehen ist schuld

Das Fernsehn zeigt oft großen Schund.
Man glotzt davor, wird kugelrund.
Wenn wir uns dabei nicht bewegen,
geschieht, was alle gar nicht mögen.
Wir finden das partout nicht nett,
wenn wir werden dick und fett.

Fotografieren

Wie ist die Welt doch wunderschön,
kann man sie in Bildern sehn.
Dem Reisenden entgeht fast "nix".
Er nimmt sein Kästchen und macht "klicks".

Es rast die Zeit, vergehn Gestalten.
Im Foto sind sie festgehalten.
Was man Besonderes erkannt,
wird per Foto festgebannt.

Man sieht in Gruppen, allein, zu zweit
die jüngere Vergangenheit.
Die Enkel sagen dann nach Jahren:
"Mein Gott, wo sind die hingefahren?"

Zu viel <u>Gepäck</u>

Mit zwanzig Kilo Fluggepäck
schleppt mancher eine Menge weg.
Oft stellt sich auch der Eindruck ein,
die Koffer sind dafür zu klein.

Reist man zurück, wird oftmals klar,
dass so viel Zeug nicht nötig war.
Doch lernt man nichts aus dem Exempel:
Beim nächsten Fluge wächst der Krempel.

Überwundenes <u>Heimweh</u>

Vom Heimweh weiß man mancherlei,
dass selbst der Durst nicht schlimmer sei.
Doch hat mitunter man gehört:
Bei Bier das Heimweh nicht mehr stört.

Das knopflose <u>Hemd</u>

Da steh' ich nun, ich armer Tropf,
an meinem Hemd, da fehlt ein Knopf.
Die Mode wünscht' ich mir im Leben,
würd's Hemden ohne Knöpfe geben.

Ein <u>Hoch</u> am Rhein

Die Nachricht wurde fern gesehen,
was in der Welt so war geschehen.
Die Dame sagte eben noch:
"In Bingen ist ein großes Hoch!"

Dann hat sie weiter angesagt:
"Gleich sehn'Se Mainz wie's singt und lacht."
Da fiel mir gleich das Sprüchlein ein:
"Wie schön ist doch ein Hoch am Rhein!"

Der Hunger

Der Hunger kommt. Man isst sich satt
und denkt bei sich: Wer hat, der hat!
Dem Hunger ist's nicht einerlei,
er geht dann ziemlich schnell vorbei.

Ich möcht' mal

Ich möcht' so gern die Wut rausschreien
über alles, was empört,
an Staat, Gesellschaft und Parteien;
doch werd' ich leider nicht erhört.

Kurzschluss

Manchen hat es schon verdrossen,
wenn die Leitung kurz geschlossen.
Ist der Kurzschluss mal im Haus,
gehen alle Lichter aus.

Gibt's den Kurzschluss auch im Hirn,
fasst sich jeder an die Stirn.
Doch es gibt als Trost darüber;
einmal geht er schon vorüber.

Vom Küssen

Das Küssen, sagt man allgemein,
soll Ausdruck echter Liebe sein.
Doch Küsse nach der Art und Form
unterscheiden sich enorm.

Der **Liebeskuss**, der führt zum Mund.
Der **Zirkus** ist fast immer rund.
Den **Diskus** wirft man mit der Hand.
Der **Miniskus** ist ein Band.

Der **Zungenkuss** ist meistens lecker.
Den **Negerkuss**, den gibt's beim Bäcker.
Der **Markus** ist mein lieber Bruder,
der küsst die Mädchen, dieses Luder!

Damaskus heißt die ferne Stadt,
wo Paulus einst Bekehrung hat.
Der **Wangenkuss** recht schön und fein,
stellt sich bei Kameradschaft ein.

Der **Stirnkuss** ist mitunter selten.
Die Geistlichen ihn früher wählten
als Ausdruck, der auch hierzuland
als Segensgeste ist bekannt.

Der **Handkuss** wirkt auch öfter zierlich,
bei Damen ist er recht gebührlich.
Vorm **Ringkuss** fürchte ich mich nicht,
bei Papst und Bischof ist er Pflicht.

Der **Lippenkuss** ist meist sehr süß.
Geht's tiefer, führt's zum Paradies.
Drum mag sich jeder selber gönnen,
was wir noch alles küssen können.

Logik

Der Menschen soll man mehr gedenken,
die ihr letztes Hemd verschenken.
Wer nur noch ist für andre da,
wird landen nackt in FKK (Frei-Körper-
Kultur!)

Masochist und Sadist

Der Masochist sagt: Schlag mich fein!
Der Saddist sagt dazu saddistisch: Nein!

Doch wäre der Saddist auch empört,
hätt' Masochisten-Schmerz mal aufgehört.

Der Masochist genießt den Schmerz.
Er führt in gerade himmelwärts.

Und ist der Sadist auch ein Schwein,
der labt sich an des anderen Pein,

so ist's für alle Hochgenuss,
wenn einmal ist's mit Schmerzen Schluss.

Müdigkeit

In der schönen Frühlingszeit
gibt's die Frühjahrsmüdigkeit.
In manchen Fällen steht es fest:
Es ist vom Winterschlaf der Rest.

Häufiger kann man schon sehen,
das Müde gar nicht gern aufstehn.
Besser lässt man sie in Frieden,
diese Morgen-Muffel-Müden.

Andere wären wirklich froh,
gäb' es Betten im Büro.
Eigentlich sind die im Recht;
denn am Schreibtisch schläft man schlecht.

Wen die Arbeit müde macht,
verdient die Ruhe in der Nacht.
Denn wir sollten nicht vergraulen
unsre Müden, nur die Faulen.

Der <u>Nächste</u> bitte

Menschen gibt es jede Menge.
Manchmal führt das zu Gedränge.
Da spricht man mit Kultur und Sitte:
Der Reihe nach! Der Nächste bitte!

Sitzt man in einem Wartezimmer,
hat man gehört die Stimme immer,
die mahnt uns zu bedächt'gem Schritte:
Nur langsam hier! Der Nächste bitte!

Des Mutes hohes Lied zu singen,
so mancher lernte Fallschirmspringen.
Und zögerst Du, mit einem Tritte
bist Du dann fort. Der Nächste bitte!

Zuweilen sieht man in der Näh'
'ne Warteschlange vor'm WC.
Grund ist ein Druck in Körpermitte.
Kommt jemand raus: Der Nächste bitte!

An der Ecke stehen Mädchen,
ob nun Lieschen oder Gretchen.
Man lebt nicht nach der strengsten Sitte:
Kommst Du mit mir? Der Nächste bitte!

Schaut man sich am Friedhof um
und geht ins Krematorium,
ob Deutscher, Türke oder Brite,
Der Ruf ertönt: Der Nächste bitte!

Im Freundeskreis, da gibt's kein Drängeln;
denn hier ist gar nichts zu bemängeln.
Hier weilt man fröhlich in der Mitte.
Hier heißt es nicht: Der Nächste bitte!

Nacktschnecken

Im Garten Schnecken nackt erscheinen.
Da möchte man am liebsten weinen.
Ach, könnte man sie nur beglücken,
mit einem Schneckenhaus entzücken!

Die Ohren

Am Kopfe hat man schlechterdings
seine Ohren rechts und links.
Mancher hat - nicht zeitgemäß -
seine Ohren am Gesäß.

Auf diese Weise wurd' geboren,
der bekannte "Arch mit Ohren".
Dass die Ohren nötig sind,
zum Sehen auch, klär' ich geschwind.

Jedem Denker ist es klar,
wär'n die Ohren nicht mehr da,
sähen viele nicht mehr gut,
vor die Augen rutscht der Hut.

Das vergammelte Osterei

Am Ostermorgen sind entdeckt,
die Eier, die der Has' versteckt.
Da werden viele eingesammelt.
Doch eines schien schon sehr vergammelt.

Doch schließlich wurde allen klar;
es war versteckt seit letztem Jahr.
Um dieses Ei ist's wirklich schade,
es schmeckt nicht mehr nach Schokolade.

Kreative Pausen

Jeden Abend Gänsebraten?
Davon ist nur abzuraten.
Jeden Morgen ein Gedicht?
Das bekommt mir immer nicht.

Goethe fiel oft auch nichts ein.
Es kann nicht jeder Schiller sein.
Erich Kästner, Eugen Roth
und Heinz Ehrhardt sind nicht tot;

da sie uns beflügeln können
und uns heut viel Freude gönnen.
So lebt in uns des Dichters Geist,
wenn er zu uns kommt angereist.

Und so ist es auch nicht Pfusch,
wenn ich reime wie der Busch,
Wilhelm heißt der gute Mann,
der so trefflich dichten kann.

Oder les ich Morgenstern,
Ringelnatz und andre gern?
Kann ich in den nächsten Tagen
weitere Gedichte wagen?

Ich hab' darüber nachgedacht:
Erfolg hat, wer mal Pause macht.
Mit Pausen ich es fertig bringe,
die Worte neu in Reime zwinge.

Die Pfeife

Wer eine Pfeife rauchen kann,
den nenn' ich einen Pfeifenmann;
wobei man schlicht begreife,
es ist ein Mann mit Pfeife.

Und wenn ich ihn nicht leiden kann,
dann sprech ich ihn als "Pfeife" an.
Und macht er mir dann Beine,
so raucht er ganz alleine.

Eiernde Pole

Wie Geologen festgestellt,
es weicht die Achse dieser Welt,
nicht grade viel, so etwa knapp
um 60 Zentimeter ab.

Das ist pro Jahr! Was heißt das schon?
Ist das perfekte Präzision?
Ist dabei friedlich noch zu ruhn?
Was können wir dagegen tun?

Wenn so die Achse ausgeleiert,
kein Wunder, dass die Erde eiert!
Es macht mich trotzdem gar nicht bange.
Ich glaub', die eiert noch recht lange.

Der gute Redner

Wer redet wie ein Dynamo,
macht das Publikum oft froh.
Wenn seine Rede sich noch reimt,
der Muse Freude in uns keimt.

Kommt der Redner früh zum Schluss,
ist es uns ein Hochgenuss.
Niemand flüstert oder quatscht.
Und am Ende wird geklatscht.

"E Säule"

Ein Mensch hört jemand klärend sagen,
dass Kapitäle **Säulen** tragen.
Doch ein Schwab' weiß es genau:
"**E Säule** ist 'ne kleine Sau."

Rosa Brillen

Glücklich ist, wer in der Stille
schaut durch eine rosa Brille.
Wer durch rosa Brillen schaut,
fühlt sich selig und erbaut.

Rosa Brillen sind schön rund,
machen unser Leben bunt.
Wenn wir durch solche Brillen schauen,
scheint alles rosa mit Vertrauen.

Rosa-rot wir alles sehn,
finden wir das Leben schön.
Schwermut kannst Du einfach killen
schaust Du durch rosafarb'ne Brillen.

Bist du geplagt von Sorgen schwer,
müssen rosa Brillen her.
Betrachte alles rosa-rot
und gewendet ist die Not.

Erst das rosa macht dir zart,
was dir schien zuvor so hart.
Wenn Du siehst vor Wut nur rot,
bist Du doch ein Voll-Idiot.

Liebe kannst du weitergeben
gut mit rosa Rosen eben.
Tauche in den Rosa-Hain
und Du wirst recht glücklich sein.

Rose ohne Dornen?

Manchen bringt es leicht in Zorn,
dass keine Rose ohne Dorn.
Müsst es ihn nicht mehr erbosen,
dass viele Dornen ohne Rosen?

Die teure Schiffsfahrkarte

Als ich am Abend ziemlich spät
per Bus erreicht' Genezareth,
da wollt' ich übers Wasser laufen,
anstatt ein Schiffsbillett zu kaufen.

Dabei ich ins Gedächtnis rief,
auch Jesus übers Wasser lief.
Ich wollte damit nur beweisen:
Man besser läuft bei diesen Preisen!

Schmerzen

Kranke bilden oft sich ein,
die geplagt von großer Pein,
dass sie könnten Schmerz ertragen
ohne Weinen, ohne Klagen.

Aber wenn verletzt der Zeh,
dann tut's ganz besonders weh.
Nur am Zeh gibt's Weh und Ach,
weil der Schmerz dort gibt nicht nach.

Andre haben gleichen Wahn,
wenn nicht schmerzt der Backenzahn,
könnten sie den Schmerz ertragen,
ohne nur ein Wort zu sagen.

Bei dem Nächsten schmerzt die Niere,
Sie sticht ihn wie ein Horn der Stiere.
Daher sei verschwunden ganz
alle Schmerzenstoleranz.

Alle Körperteile können schmerzen,
auf dass wir nehmen sie zu Herzen.
Wir könnten brüllen wie ein Rind,
wenn der Schmerzanfall beginnt.

Ein großer Trost - wie dem auch sei -
fast jeder Schmerz geht mal vorbei.

Der Schnupfen

Lästig ist der üble Schnupfen.
Ständig muss man Nase tupfen.
Lesen kann man kaum noch Bücher
ohne viele Taschentücher.

Die Augen sind gefüllt mit Tränen,
doch nicht vom Hoffen oder Sehnen.
Die Nebenhöhlen sind gestört,
so dass der Schnupfen hier verkehrt.

Man möcht' ins Bett und tüchtig schwitzen,
doch will man sich nicht überhitzen.
Wenn man Grippo-Staad dann nimmt,
ist man weniger verstimmt.

Denn mit dieser Medizin
braucht man etwas Disziplin.
Und die Heilung ohne Frage,
braucht dann oft nur sieben Tage.

Wäre noch der Arzt genommen,
hätt' den Schnupfen uns genommen,
wär's mit dieser Schnupferei
nach [ei]'ner Woche wohl vorbei.

Leichter Schwachsinn

Die Wissenschaft - mit großer Qual -
fragt: Was ist beim Menschen wohl normal?
Man machte Tests mit Volksbefragung
und kam zu einer Psychologen-Tagung.
Schließlich kam man überein:
Normal wird leichter Schwachsinn sein.

Sprachverwirrung

Sprache kann oft allgemein
ziemlich schwer verständlich sein.
Das Ergebnis wir oft sehen,
wenn sich Menschen nicht verstehen.

Im Testament wird's kompliziert
wer als Erb-Lasser aufgeführt.
Für Juristen ist's der Tote,
der hier spricht fast wie ein Bote.

Für den, der mehr ans Sterben denkt,
den Blick mehr aufs Erblassen lenkt.
Juristisch ist es ziemlich klar,
wer der Erb-Lasser hier war.

Vom medizinischen Aspekt
im Toten der Er-Blasser.

Gestörte Verdauung

Ein Mensch - den Namen können wir
vergessen -
hat einmal zu viel Obst gegessen.
Zunächst hat er es noch vertragen
denn es passierte seinen Magen.

Dann ging perdü sein ganzer Charme,
als es passierte schnell den Darm.
Der Mensch vergaß jetzt alles Scherzen.
Er sucht nach Türen mit den Herzen.

Sein Gemüt wurd' wieder leicht,
sobald er diese Tür erreicht.
Doch dann er fast von Sinnen;
denn es sitzt schon jemand drinnen.

Da hilft kein Stöhnen, Steinerweichen,
gequält muss er von dannen schleichen.
Schon kruz darauf kehrt er zurück,
versucht zum zweiten Mal sein Glück.

Zum dritten Mal nach 6 Minuten!
Der drinnen sollte sich was sputen.
Die Qual wächst an, es folgt ein Schrei.
Mach voran, Mensch, hab' Scheißerei!

Der drinnen stöhnt erdrücklicher:
Ach, Mensch, sind Sie ein Glücklicher!"

Vergesslichkeit

Herr Müller merkt, es ist so weit:
"Ich leide an Vergesslichkeit.
Ich weiß nicht mehr, was ich gegessen,
bin ich in Bayern oder Hessen?

Der Hausarzt fragt: Wird es denn schlimmer?
Was vergessen Sie denn immer?
Der Patient erwidert kalt:
Das hab' ich wohl vergessen halt.

Verwechslung

Oma noch am späten Abend
mit Enkel durch die Gassen trabend,
bleibt an der Ecke plötzlich stehen:
Ach, Karlchen, schau, was muss ich sehen?

Kanmnst Du es mir vielleicht erklären,
was das hier denn für Mädchen wären
mit den aufgedrehten Löckchen
und den überkurzen Röckchen.

Karlchen, den das leicht genierte,
meint: Das sind Prostituierte.
Oma drauf: Ja, ja ... wir Alten ...
Ich hätt' für Nutten sie gehalten.

Das arme Vöglein
(nach einer Fabel von Äsop)

Ein Vöglein, das sein Nest verlor, -
Der Frühling war noch ziemlich kalt. -
das saß in nassen Gras und fror
und dachte sich: Jetzt sterb' ich bald.

Doch schicksalhaft naht eine Kuh.
Der Vogel schüttelt sich: O Graus!
Sie deckt mit "Platsch" den Vogel zu.
Man meint, jetzt sei's mit ihm schon aus.

Das Ganze war ein Fehlalarm -
wie das im Leben manchmal geht.
Dem Vogel wurd' es langsam warm,
was seine Lebenskraft bewegt.

Er hat sich aus der Dunkelheit,
weil rege er sich sehr bemüht,
mit eig'ner Kraft alsbald befreit.
So trällert er recht froh ein Lied.

Doch das war leider fehl am Platze.
Das stellt sich später klar heraus.
Herzu schlich nämlich eine Katze,
die zog das Vögelchen heraus.

Doch tat sie's nicht, um ihn zu retten.
Ich glaub, Ihr kommt gleich drauf.
Sie legte ihn auch nicht in Ketten,
sie fraß ihn einfach selber auf.

Wenn wir das Schicksal hier ergründen,
obwohl das Ganze tragisch war,
kann man daraus drei Lehren finden,
die recht bedeutsam sind und klar.

Die erste Lehre daher heißt:
Man meint's nicht immer schlecht mit dir,
wenn jemand dich mit Mist beschmeißt.
Das gilt für dich und jedes Tier.

Zum Zweiten merke dir den Rat:
Wer dich aus deinem Elend zieht,
nicht immer ist's 'ne gute Tat,
auch wenn er sich dabei bemüht.

Zum Dritten sei man so gewitzt,
die Lehre lass' dir näher bringen:
Wer bis zum Hals in Scheiße sitzt,
der sollte keine Lieder singen.

Was sollen wir schenken?

Nach einer allgemein bekannten Vorlage
umgedichtet und aktualisiert von Heribert
Steger

Mit Freude haben wir's vernommen.
Zum Feiern sind wir hergekommen.
Woll'n mit frohem Gläserklingen
die Zeit hier gern mit Dir verbringen.

Doch stellte sich die schwere Frage:
Was schenken wir zu diesem Tage?
Aus unsrer dreifach klugen Sicht
was klar: "Was kriegst Du nicht!"

Manchen schien uns ungeheuer,
denn das war uns viel zu teuer.
Andres schien uns ohne Lohn,
glaubten wir: "Das hast Du schon."

Drittens wurd' gecancelt schlicht,
wenn wir meinten: "Brauchst Du nicht."
Der Gedanken Schluss-Ergebnis
werde Dir hier zum Erlebnis.

Ferienhaus an Spaniens Küste,
ein Kamelritt durch die Wüste,
Expedition mit Lagerfeuer
kriegst Du nicht; das ist zu teuer.

Fernseher und Tageszeitung,
Spülklosett und Wasserleitung,
Badewanne, Telefon -
hast Du schon.

Diskoplayer, Telespiel,
Fahrradpumpe, Besenstiel,
Schönheitspackung fürs Gesicht -
brauchst Du nicht.

Luxusauto mit Chauffeur,
eine Kreuzfahrt übers Meer,
die Bezahlung dieser Feier -
kriegst Du nicht; das ist zu teuer.

Wanderschuhe, Rosenstock,
Gummistiefel, Wanderrock,
großer Atlas, Lexikon -
hast Du schon.

Hängematte, Gartenzwerge,
Fahnemast und Blumenkörbe,
einen Papagei, der spricht -
brauchst Du nicht.

Ein Mercedes Cabriolett,
ein drapiertes Himmelbett,
Hut mit Feder, Schmuck vom Reiher,
kriegst Du nicht; das ist zu teuer.

Schränke, Stühle, Tisch und Sessel,
Kannen, Töpfe, Wasserkessel,
ein Dose fürs Bonbon -
hast Du schon.
Ein Gerät zum Rüben-Hacken,

Luftgewehr mit Angelhaken,
einen Nachttopf, oben dicht, -
brauchst Du nicht.

Eine Insel, tief im Meer,
ein privates Söldnerheer,
eine Luxusjacht für heuer -
kriegst du nicht; das ist zu teuer.

Krawatte, Bürste oder Seife,
ein Präsent mit kleiner Schleife,
Radio mit Stereo-Ton -
hast Du schon.

Trockenhaube, Armbanduhr,
Feuerzeug und Wäscheschnur,
eine Waage fürs Gewicht -
brauchst Du nicht.

Was kann's sein, das Dich erfreut,
Dich erinnert gern an heut?
Freude machen soll's vor allem
und Dir möglichst auch gefallen.

Ferner soll es nützlich sein,
einwandfrei, hygienisch rein.
So sind wir zum Schluss gekommen,
haben uns, wie folgt, besonnen:

Etwas gibt's auf dieser Welt,
das vom Nutzen her gefaällt.
Auch wenn man's schon oft besessen,
darf man es doch nie vergessen.

Der Gebrauch von beiden Seiten
lässt sich allerdings bestreiten.
Hat man's zur Hand, dann ist man froh,
in der Natur und auf dem Klo.

Besonders wenn man wandern geht
und nirgendwo ein Häuschen steht,
ist man erleichtert, wenn man's hat:
Den guten "Notdurft-Apparat".

Die Rolle ist auch nützlich hier
als Taschentuch aus Saug-Papier.

- Hier eine Toiletten-Papier-Rolle als
Geschenk hoch halten! -

Drum nutze es nur Blatt für Blatt
und glücklich sei, wer's täglich hat!

Werbung für Lama-Decken

Diese tollen Lama-Decken
dienen ganz besond'ren Zwecken.
Niemand wird jetzt mehr nervös.
Diese Decken sind porös.

Ob im Liegen oder Sitzen,
in den Decken wir nicht schwitzen.
Was schon lange nötig war,
statt Daunen gibt's Alpaca-Haar.

Wer früher sich bewegte schwer,
sein Rheuma überwindet er,
wenn er in den Decken liegt,
wird die Gicht sofort besiegt.

Die Decken schützen jeden Bauch.
Sie helfen gegen Strahlen auch.
Sie wirken gegen Impotenz,
damit die Liebe neu erglänz`.

Erwähnt sei hier mit ein paar Silben
die Schädlichkeit der Federmilben.
Selbst Bazillen wandern aus.
Die Decke muss in jedes Haus.

Wenn wir in den Weltraum fliegen,
sollten wir auf "Lama" liegen.
Was man da ganz deutlich spürt:
Die Temp'ratur wird reguliert.

Man verkühlt sich nicht die Beine.
Von dem Waschen auf die Leine,
ist die Decke leicht zu pflegen,
um erneut sich reinzulegen.

Man wird gequält durch keine Zecke,
liegt man geschützt mit dieser Decke.
Man liegt bequem und ist nicht bang.
Man braucht sie stets - ein Leben lang.

Wege zum Glück

Das Leben wär' noch mal so schön,
würden die Menschen sich besser verstehn.
Ein jeder zum Helfen und Geben bereit,
es gäb' auf der Erde nicht so viel Leid.

Wär' nicht das Verlangen nach Macht und
Geld,
dann wär' mehr Frieden in unserer Welt.
Mehrmals täglich fröhlich lachen,
sich und andern Freude machen,

mit Humor die Dinge sehn,
so ist das Leben wirklich schön.
Dem Menschen etwas Gutes tun,
ist besser als faul aus zu ruhn.

Probier es aus, ich sage dir,
das ist ein Lebenselexier.
Wer taktlos ist und andere kränkt,
den meidet man, eh er's bedenkt.

Wer immernörgelt, kritisiert,
bleibt eines Tages isoliert.
Der Nachbar lebt vielleicht in Not,
hat kaum genug für's täglich Brot.

Der andere hat's im Überfluss,
Fettleibigkeit ist sein Verdruss.
Mehr Nächstenliebe, denk' daran,
den beiden wirklich helfen kann.

Ein Lächeln ist wie ein Sonnenschein,
es schenkt ein bisschen Glücklich-sein.
Mit Lachen eroberst Du Deine Welt,
die liebt Dich, weil sie Dir gefällt.

Beklage nie den langen Morgen,
an dem Du musst für andre sorgen.
Auch wenn es Müh' und Arbeit gibt,
sie bleibt gering für den, der liebt.

Es gibt so viel, das glücklich macht,
ein Tag, an dem die Sonne lacht,
ein kleiner Gruß, ein lieber Blick,
für viele ist das schon ein Glück.

Erfreu' dich an den kleinen Dingen
und lausche wie die Vögel singen!
Ja nimm das Leben, wie es ist!
Du eher dann auch glücklich bist.

Wetter und Politik

Das Wetter gleicht der Politik.
Das Beste liegt so weit zurück.
Dennoch hofft man unbeirrt,
dass es morgen besser wird.

Wettleidenschaft

Ein Leutnant aus den besten Kreisen
will dauernd sein Talent beweisen.
Vor Witzen kann man sich kaum retten,
vor allem aber: Dauernd Wetten!

Er wettet um das Glück der Welt,
vor allem wettet er um Geld.
Er zieht's den Freunden aus der Tasche.
Die Wetterei ist seine Masche.

Schließlich wird aus gutem Grund
anderen das schlicht zu bunt.
Dem Major hat das von allen
überhaupt nicht mehr gefallen:

"Zu Ende sei das Wetten jetzt.
Dieser Leutnant wird versetzt."
Und weil man dort den Oberst kennt,
kommt er zum Stab vom Regiment.

Der Leutnant schon am ersten Abend,
gerade sich am Schampus labend,
sagt zum Oberst leichthin: "Prost",
sucht seiner Wettsucht neuen Trost.

Herr Oberst, sagt er still zufrieden.
Herr Oberst haben Hämorrhoiden.
Der Oberst sagt: Ach was ein Spaß.
Der Leutnant sagt nun: Wetten dass?

Der Oberst schaut nur groß verwundert,
der Leutnant meint: Na- um dreihundert!?
Der Oberst sagt, sie zu kurieren,
will ich die Wette gleich probieren.

Und feuerrot bis in die Ohren:
Die Wette haben Sie verloren!
Der Leutnant meint bei diesem Spiel:
300 (Dreihundert) sei kein Pappenstiel.

Selbst in den gehob'nen Kreisen
müsst man den Tatbestand beweisen.
So was geht ganz auf die Schnelle.
Der Stabsarzt ist auch gleich zur Stelle.
Und so traben die drei Mann

ins Cabinetto nebenan.
Der Oberst ist zwar noch verwundert:
Hosen runter für 300.

Wenn auch nicht so sehr erbaut,
so bückt er sich; der Stabsarzt schaut.
Und der Leutnant steht dabei
und besieht die Schweinerei.

Wie sollt es auch anders sein?
Hämorrhoiden bitte, neine.
Der Oberst, der aus altem Holz,
gewann die Wette voller Stolz.

Womit er zunächst noch prahlt,
der Leutnant hat auch gleich bezahlt.
Wie solche Siege leicht passieren,
schleunigst geht er telefonieren.

Findet gleich ein offenes Ohr,
erklärt die Sache dem Major.
Doch der Major wird leichenblaß.
Er sprach zu mir auch: Wetten, dass!

Die Wette war besonders stark:
Er wettete 500 Mark,
obgleich kaum eine Chance habend,
dass Ihnen er am ersten Abend

seelenruhig, ohn Erbauen
würd' Ihnen in den Hintern schauen.

Der Wiedehopf

Der Wiedehopf hat einen Schopf,
den trägt er stolz auf seinem Kopf.
Und hat der freche Widerhopf
auf seinem Kopf mal keinen Schopf,
dann ist es auch kein Wiedehopf.
Der spottet dann: Ich mogel!
Ich bin ein andrer Vogel.

Das Wörtchen "zu"

Fast jeder weiß nach alter Sitte:
Die Wahrheit liegt meist in der Mitte.
Darum in vielen Lebenslagen
soll man das Wörtchen "zu" nicht sagen.

Wer auf der Schule treibt sich rum,
sei nicht zu klug und nicht zu dumm.
Das Wetter schlage nie Alarm,
dass es zu kalt, dass es zu warm.

Wer zu leben recht versteht,
komm nicht zu früh und nie zu spät.
Die nächste Wahrheit folgt sogleich:
Werd' nicht zu arm und nicht zu reich!

Es kommt drauf an bei manchem Spass,
sei's nicht zu trocken, nicht zu nass.
Wer reist, der denke an die Zeit,
ob was zu nah, ob was zu weit.

Im Leben geht oft manches schief,
ist man zu träge, zu aktiv.
Auch sollte jeder merken bald,
wann er zu jung, wann er zu alt.

Auf Dauer wird es nicht ergötzen,
das Reimen endlos fortzusetzen.
So sei des Dichters Reim-Gesang
hier nicht zu kurz und nicht zu lang.

Die Wüste

Die Wüste hat meist sehr viel Sand
und geht mitunter bis zum Strand.
Dann hat man eine Wüstenküste,
an der ein Paar sich küssen müsste.

Dieses denkt sich dann dabei:
Das ist ne wüste Wüstenküsserei!

Die Zeit

Die Zeit, das ist ein Phänomen.
Welcher Mensch begreift das schon?
Dieses Rätsel als Geschehen!
Meistens läuft sie uns davon.

Zu langsam

Wer zu schnell fährt, wie ein Wilder,
den bestraft die Polizei.
Darum achte auf die Schilder,
fahre nicht zu schnell vorbei!

Wer langsam fährt vor allen Dingen,
statt fünfzig nur mit zwanzig schleicht,
kann mich leicht auf die Palme bringen.
Ein Strafmandat ihn nie erreicht.

Von Weitem ist die Ampel grün.
Sicher könnt' man sie erreichen.
Der Vordermann schafft's noch bis hin.
Ich steh' bei rot. Das kommt vom
Schleichen.

Dem Himmel möcht' ich herzlich danken,
würd' der Schleicher nicht mehr blocken
und müßte seinen Wagen tanken.
Die freie Fahrt würd' mich verlocken.

Schnelles Fahren: Risiko!
Langsam fahren ist heut „in".
Fahr' normal, dann bin ich froh!
Schleicherei macht wenig Sinn.

Zum Geburtstag

- Lustig-heitere Spruchsammlung in Reimen
von großen Dichtern - ausgewählt von
Heribert Steger:

Wo du bist und wo ich sei,
ferneweg und nahebei;
überall und auch indessen
werd' ich deiner nicht vergessen;

dein gedenk' ich still erfreut,
selbstens in der Einsamkeit;
ja im dicksten Publikum
schwebt mein Geist um dich herum.
(Wilhelm Busch)

Wem der große Wurf gelungen,
Eines Freundes Freund zu sein,
Wer ein holdes Weib errungen,
Mische seinen Jubel ein!

Ja - wer auch nur eine Seele
Sein nennt auf dem Erdenrund!
Und wer's nicht gekonnt, der stehle

weinend sich aus diesem Bund. (Friedrich Schiller)

Freudvoll und leidvoll, gedankenvoll sein;
hangen und bangen in schwebender Pein;
himmelhochjauchzend, zu Tode betrübt;
Glücklich allein ist die Seele, die liebt. (J. W. von Goethe)

Schläft ein Lied in allen Dingen,
die da träumen fort und fort,
und die Welt hebt an zu singen,
triffst du nur das Zauberwort. (Joseph von Eichendorf)

Wer je geliebt in Liebesarmen,
der kann im Leben nie verarmen. (Theodor Storm)

Zitiert aus: Peter Köhler 101 Glückwünsche in Reim und Vers, Pattloch-Verlag, Augsburg 1999, ISBN 3-629-007716

Vielen Dank an meine geschätzten Leser
für ihre Aufmerksamkeit!

Über ein kurzes Feedback
(auch im Hinblick auf verbesserte Auflagen)

an meine E-Mail-Adresse

heribert.steger@arcor.de

würde ich mich sehr freuen!

Herstellung und Verlag:
BoD - Books on Demand, Norderstedt
ISBN 978-3-7460-6565-5